早稲田教育ブックレット No. 11

多様な教員養成の在り方と教師のキャリア

はじめに　三村隆男

教員養成改革と日本の「大学における教員養成」
—東アジア諸地域との比較から考える—　岩田康之

教員養成教育改善の方向性
—国立教育政策研究所の調査研究を踏まえて—　工藤文三

養成段階における東京都教育委員会の取り組み
—東京教師養成塾の取り組みを通して—　荒川元邦

社会全体で教員を支える仕組みづくり
—Teach For Japan の挑戦—　松田悠介

総括討論　〔司会〕三村隆男

表紙写真提供：早稲田大学教育・総合科学学術院教授　三村隆男

はじめに

二〇一二年の中央教育審議会「教職生活の全体を通じた教員の資質能力の総合的な向上方策について（答申）」では、「学び続ける教員像」を確立することを基本的な理念とし、教師が高度専門職業人として生涯を通じて資質能力を高めそのキャリアを推進していく環境整備が求められた。それから一年が経過した。その後、学会や大学等のシンポジウムを通し「学び続ける教員像」がさまざまな角度から議論され、実践力を育成するためのカリキュラム（モデルコアカリキュラムなど）や教育実習の在り方、学部、大学院及び教育委員会による教師養成塾などの教員養成機関の在り方、さらにはキャリアとしての教職を展望したなかで教師養成をどのようにみていくかなど、論点はいくつかに絞られてきている。本シンポジウムでは、こうした議論を踏まえ、わが国の教員養成の中で教師としてのキャリア形成をどのように捉えていくか議論を深めていきたい。

シンポジストには、教員養成カリキュラムをグローバルな視点で研究をされている東京学芸大学の岩田康之先生、国立教育政策研究所のプロジェクト「教員養成等の在り方に関する調査研究」の研究代表であった帝塚山学院大学の工藤文三先生、東京都教職員研修センター研修部で教師養成塾、教職大学院などを担当されていた荒川元邦様、そして、教員養成の在り方について世界中に影響を与えている Teach For America の日本の組織である Teach For Japan 代表の松田悠介様の合計四名をお迎えした。

岩田康之先生は東アジア特有の教師の在り方は学力を文字により評価することから始まっていると、グローバルな視点でわが国の教員養成を位置付けた。また、求められている教員養成に応えられていないわが国の大学の現状を指摘し、その要因として、政策誘導の教員養成の限界と学習指導要領準拠が生み出す変化の激しい社会のなかでの教育の後追い状況を指摘された。

工藤文三先生からは、岩田先生から課題が指摘された大学の教員養成を対象として、育成すべき教員像の設定とカリキュラムへの反映・浸透、さまざまな事情を踏まえた学内組織体制の在り方などの視点で行われた「教員養成等の在り方に関する調査研究」の調査結果のご紹介があった。また、教員養成に関する組織の在り方や教員養成プログラムの改革に取り組む好事例のご紹介があった。

荒川元邦様からは、大学と連携した教育委員会による教員養成の在り方として東京教師養成塾の取り組みの紹介があった。塾生に対し具体的な教師像をもたせ、コミュニケーション能力を高め、基礎的な知識や教養を身につけさせ、スケジュール管理させるなど大学の教員養成を補完する教育内容の紹介があった。併せて、大学の高度化の一様態である教職大学院との連携が紹介された。

最後に松田悠介様からは、優秀な人材を教育困難校に送り、トレーニングと研修で支え、大学での教員養成を超えた教育効果をあげている Teach For America のシステムを日本の教員養成制度と融合させている、Teach For Japan の活動紹介があった。さらに、教師が身につけたリーダーシップを別の場で活かすキャリアパスの可能性への言及があった。

今回のシンポジウムでは、前半の基調講演に対する参加者の質問を質問票の形で集めた。後半は休憩時間に寄せられた質問票に対する各シンポジストの回答から始まり、基調講演の内容と各シンポジストの回答から論点を教員養成と教師キャリアの視点で「グローバル化社会のなかで、ダイバーシティをどう考えるのか」と「人材の確保をどうするのか。また、確保された人材が、どのような形で自分の人生設計のなかで教職を捉えていくのか」の二点に絞り議論が展開された。

二〇一五年一月十日

早稲田大学教育・総合科学学術院教授　三村隆男

教員養成改革と日本の「大学における教員養成」
―東アジア諸地域との比較から考える―

東京学芸大学教員養成カリキュラム開発研究センター教授　岩田　康之

東京学芸大学の岩田康之と申します。本日は、教員養成改革と日本の「大学における教員養成」というテーマで話をさせていただきたいと思います。

私の元々の専門は日本の教員養成の歴史研究で、教員養成のシステムやカリキュラムについて歴史的アプローチを用いて研究してきました。ここしばらくは、私のいる東京学芸大学が東アジアの教育系大学のネットワーク作りを手がけております関係で、東アジアの教師にフォーカスした研究を進めております。比較教育学的なアプローチを用いて、日本、韓国、中国、台湾、香港といった国・地域の教師の在り方を研究しております。そんななかで、私は日本の学校の先生のことを「teacher」と訳すのは間違いなのではないかと思うことがあります。日本の学校、少なくとも一条校の先生方の仕事には「teach」以外の仕事がたくさんあります。英語で「teacher」というと、教える人、授業をする人ということで、その専門性を考えるというふうに議論が展開するわけですが、生徒指導やキャリア支援をはじめとした全人格的発展をサポートする存在とし

ての教師というのは、その議論から抜け落ちています。あるとき、国際学会で私は「teacher」という言葉を使わないで発表してみたことがあります。「Japanese *Kyoushi* has many roles……」というようないいかたをしてみたのですが、そのほうが意外と通じやすかったです。やはり、知識や技能を授けるというだけではなく、子どもたちの発達の人格的なモデルを示す「師範」といった教師像があるのではないでしょうか。これは日本以外でも儒教の影響を受けている国・地域にかなり共通するというのが、東アジアのいろいろな場所をみていて分かってきました。

そのことをさらに掘り下げて考えていくと、実は東アジアの教師の在り方は、東アジア的な学力形成の在り方と深い関係があるのではないかということに思い至りました。先日二〇一二年のＰＩＳＡの結果が出て、東アジアの諸地域が上位を占めましたが、私にいわせればそれは当たり前です。私はよく学生にも聞くのですが、皆さん義務教育でいくつの文字をマスターしましたか。常用漢字、平仮名、カタカナで二〇〇〇を少し超えるくらいだと思います。ではイギリスの子どもは義務教育でいくつの文字をマスターしますか。二十六でしょう。子どもの学びにおける文字学習の比重が全然違います。それから、紙はいつ・どこで・誰が発明しましたか。

古代中国での発明です。紙を使って文字を勉強するという方法は、東アジアでは伝統的に行われてきました。科挙制度が代表的ですが、ペーパーテストで高いスコアを得ることが、その人の幸せにつながる、あるいは社会的な権威につながるという文化的な価値観が大昔から根付いているわけです。それに対して、アルファベットというのは表音文字で、一つひとつに意味はありません。しかもヨーロッパでは紙の流通は主に中世以降です。そうすると西洋的な知の在り方は、話し言葉や身体を使ってやってみせる（パフォーマンス、プレゼンテーション）という部分に比重が置かれます。ペーパーテストで国際比較を行ったら、漢字を使って紙で勉強する伝統を有するところが上位になるのは当たり前なのではないでしょうか。これが東アジア的な学力形成です。

それから東アジアでは学徳を積むということが教師の権威になる、人徳の一つとみなされます。対して西ヨーロッパでは、私の仕事は英語で「professor」といいますけども、「professor」の「profess」というのは神託を指します。つまり、全知全能の神からその専門の知見を託された存在としての「professor」です。下から積み上げていく学力観とはあまり相容れないのが西洋の考え方なのではないかと思います。このように考えると、学力の在り方と教師像の在り方には、東西対照できる部分がかなり多いことが分かります。

今回のＰＩＳＡの結果で、「数学的リテラシー」、「読解力」、「科学リテラシー」すべてのところでベスト10に入っているのは、上海、香港、シンガポール、韓国、日本です。これらの国・地域は、東アジアの大都市圏で、儒教道徳の影響が比較的強いところであり、漢字で勉強しているところであり、なおかつシンガポールはちょっと事情が違いますが、ほかはみな塾が流行っているところです。したがって、このＰＩＳＡのハイスコアというのは、学校教育の成功の結果だというふうに短絡的に考えないほうが良いと思います。今申し上げた学力形成の在り方や、学校教育システムの外の問題、つまり私教育の問題まで含めて考えたほうが良いと私は考えております。

本日の私の講演テーマは日本の大学における教員養成と教員養成改革の関係についてですが、結論を先に申しますと、日本の大学は、日本の教員に求められるものに十分に応え得ておりません。ですので、大学以外の場での教員養成の営みに期待がかかるのです。もともと西洋式の大学と教員養成は相容れない存在なのです。フランスが典型例ですが、大学と教員養成機関を別立てで置いてきています。

その一方で中国の伝統的な大学は、いわゆる「書院」がモデルです。つまり若い人たちが先生と生活を共にするなかで学問も磨き、人格も磨くというかたちです。今も中国の師範大学などのなかには「書院」の伝統があり、生活を共にするなかで教師としての人格形成も行っていきます。対して、西洋の大学はデパートメントで専門分化した学問をやるところです。日本の場合は、東アジア的な教師像、つまり人格的なものも含めた要請がなされるにもかかわらず、近代の初期に高等教育を西洋モデルで整備しました。そのことが、今に至る教員養成の迷走というか錯綜というか、そういったものの原因になっているのではないでしょうか。

二〇〇九年に民主党が政権をとりました。民主党は、教員養成は六年制で修士レベルが必要と言い出しました。対して昨年の暮れから自民党が再び政権をとってからは、その議論は少し影を潜めて、インターンシップや教師塾といったようなことが表に出てくるようになりました。これは、元は同じところに端を発していると私はみています。先ほど申し上げたように、日本の大学というのは、日本の教員養成に十分に応え得ないのです。ではその先どうするのかということの二つのソリューションがありうるのだと思います。民主党の方は、今の大学は教員養成に応え得ていないので大学を高度化すれば良いと考えました。対して自民党のほうは、大学における教員養成が役に立たないのだったら他に教員養成の軸足を移そうという政策が出てきています。要するに、元は一緒でソリューションが一八〇度違う、そんな分けかたができるのではないかと思います。

日本の教員養成は開放制が大原則だといわれますが、この日本の開放制には大きな特色があります。東アジアのそれぞれの国・地域でも多かれ少なかれ開放制的なシステムが取り入れられていますが、日本の開放制はすごく規模が大きいのです。また、教員養成機関が広く浅く遍在しています。それに加えて、ネーション・ワイドな仕掛けとしての量的な絞り込みがないです。結果として、地方教育行政、特に教員人事権のある都道府県や政令指定都市の教育委員会にかなり負担がかかる仕組みになっているのです。それらとの対比で、たくさんある教員養成機関は劣位に置かれます。たとえば、ソウル教育大学校は日本の教員養成系単科大学に比べると定員が相当に少なく抑えられているので、教育大学に入るというだけですごくむずかしいし、学生には優秀な人だというオーラがある。だから、素晴らしい人が来ると各学校も教育実習生を歓迎します。ところが日本だと、逆に大学側からお願いをして実習をさせてもらうといった力関係が定着しています。この理由は、このようなところに起因するのではないでしょうか。あるいは、中国と日本の開放制の量的なデータを比較すると、日本は、大学・短大一一〇〇校の約八割が教員養成の課程認定をもっています。中国も似たような仕組みですが、課程認定に相当する教師資格課程をもっている大学の比率はだいぶ低くて三割程度です。また、一つの教員養成機関が何人の新卒新規採用者を出しているかを計算してみると、日本の場合は一大学あたり約十人です。一方で中国の場合ですと、教員養成を行っている機関が約七〇〇あり、小中学校の新規採用者が約十九万ですので、教員養成機関一つあたりで新規採用される者の数は全然違います。

また、東アジア各地域の状況を整理してみると、たとえば台湾や韓国はやはり少子化傾向にあり教員の需要が少なく有資格者がダブつき気味なため、政府が定期的に教員養成機関の評価をしています。評価の結果が悪いと予算や定員の削減を命じられます。韓国では点数化されていて、何点以下だと二五パーセントカット、何点以下だったら閉鎖の勧告といったかたちになっています。そうすると、各大学は否応なく優秀な学生だけを取り込まなくてはいけなくなり、一般大学ではそれぞれに教職課程に入る学生を絞り込みます。そうすると大学のなかでも、教職を取っている学生は優秀だというようになるのです。台湾の場合は、それに加えて資格試験があります。日本でいう医師や薬剤師と同じような国家試験です。それから、中国メインランドや香港あたりでは政府による教員養成課程の総量規制が行われており、教員養成全体をコントロールする政府の力が強いです。日本の開放制は総量規制もありませんし、資格試験もありません。それから予算や定員のサンクション（制裁）を伴った評価もありませんので、かなり中央政府がルーズだといえます。実際には都道府県や政令指定都市の教育委員会が採用、人事、実習、実務家教員の提供等いろいろなことを担っており、そこにプレッシャーや負担がかかっている構造になっています。そのプレッシャーが各大学に及ぶ布置関係の中で開放制の教員養成が行われているというのが、日本の特徴なのではないかと思います。

最後に、今後の展望についていくつかお話しします。一つ目は、政策誘導で教員の資質向上を図っていくことには限界があるという点です。たとえば、私ども教員養成教育を実際にやっている者の実感としても、ボランティア等に積極的に携わる学生は、その後教員としてもすごく良い力を発揮していきます。実際にそういう卒業生を多くみています。これは教員養成を実際にやっている多くの方が納得されることだろうと思いますが、だからといって、ボランティアを政策的に必修にすると、嫌々ボランティアに行く学生が出てきます。これでは逆効果です。ボランティアというのはボランタリーにやるところが重要で、自主的に自分の学びを作っていける若者が教職に就くというのが重要なのです。大学の良識や学生の主体性に委ねる部分にゆとりをもたせておいたほうが、将来的な教員の資質向上という点では有意義なのではないかと思います。

二つ目は、やはり学習指導要領に準拠するということが、教育現場に強く求められるということの問題です。養成現場でも学習指導要領を意識した養成教育をやってくれということは盛んにいわれます。実際、必要だと思います。ただし学習指導要領はその性格上、先取りができないという限界性をもっています。つまり、それまでに生じている教育問題等を大括りにして、「これからしばらく教師をやっていくうえではこの程度のことが必要だろう」、というかたちにまとめたものが学習指導要領なので、先取りができないのです。しかし、教育現場は絶えず変化していきます。絶えず変化する教師を育てていくという点に関しては、学習指導要領だけにこだわることには少々懸念があります。新たな課題に遭遇した際に、背景を構造的に探ったり自分で解決策をみつけて実践したりする力が必要になってきます。そのノン・マニュアルの部分は、大学が担うべき基軸としてあると考えています。最近、教育委員会との連携を強化させたり大学の教員養成教育を実践的にさせたりしていくことが求められておりますが、私自身は、大学が過度に実践的になるべきではないと思います。そういうところは、教育委員会にお願いするなり、ＮＰＯを含む多様な現場でそれぞれが学ぶなりしていけば良いのであって、大学でやるべきことの基本は、きちんとものを考える人を育てる、学び続ける教師を養成することにあるのではないでしょうか。これで私の話題提供は終わりにさせていただきたいと思います。

教員養成教育改善の方向性
―国立教育政策研究所の調査研究を踏まえて―

帝塚山学院大学人間科学部教授　工藤　文三

現在、帝塚山学院大学に勤めております工藤と申します。この三月までは国立教育政策研究所に在職しておりまして、初等中等教育の教育課程や教科教育に関する研究を行ってきました。先ほど、学習指導要領の話が岩田先生のご発表に出てきました。次の改訂がどのようなものになるかはまだ分かりませんが、平成三十年、三十一年頃に予想される改訂に向けて、さまざまな基礎的な検討が行われている段階にあります。具体的には、資質能力を重視した教育課程の在り方といった点を中心に文部科学省で検討がなされております。日本の学習指導要領に示される教育課程の基準は、各学校で扱うべき内容を示す形で展開してきています。教科ごと・学年ごとに目標及び内容が示され、学習指導要領の解説書があって、その解説書を基に各出版社が教科書を編集するという形になっております。ゆえに、先生方のお仕事は指導内容を年間の授業時数に沿って指導計画を作成し、授業を展開する形となっています。それに対して、能力を重視するということになりますと、内容の示しかたをどうするのかということが課題になってくるわけです。

たとえば、思考力を育成するカリキュラムとしてどういうプランが考えられるかという課題が出されたときに、教育課程を横断する能力なのか、それとも各教科に即した思考力なのかで、カリキュラムの姿も異なることが予想されるわけです。仮にそのように教育課程の基準が変わったときに、先生方の指導力や授業の開発力にはどういうものが求められてくるのでしょうか。次の学習指導要領の改訂の詳細はまだ分かりませんが、そういうことが検討されていることは確かです。

それから、教育基本法や学校教育法は改正されたけれども、実際の学習指導に十分反映していないのではないかという問題意識をもたれている方もおられると思います。片方では世界トップの学力とか、グローバルな人材の育成の必要性などがいわれております。平成二十年の学習指導要領改訂のときは、履修主義や学年主義の教育課程から、課程主義や修得主義への移行ということが指摘されましたが、実際は実現しませんでした。そんなことが、平成三十年頃の改訂に向けておそらくあと二、三年すると検討が始まると思います。その時に、教員に必要な能力をどのように養成するかといったことも併せて課題になってくるかもしれません。

国立教育政策研究所におけるプロジェクト研究「教員養成等の在り方に関する調査研究」は、

平成二十三年から二十四年にかけて実施されました。教員養成課程の質保証等に関する基礎的な知見を得て、教員の質の向上に関与する施策の企画立案に資することを目的に、以下の四つのプロジェクトに分け班別に研究をしてきました。

①　教職課程を置く大学・学部の教員養成教育に関する体制、実態等についての調査
②　特色ある教育活動、教育改善を進めている事例の調査に基づいた課題解決の方策の明確化
③　中学校、高等学校の理科、数学等を指導するために必要な指導力を育成するための教職課程におけるモデル・カリキュラムの作成
④　教員養成を担う大学教員のためのＦＤについての調査

①はアンケート調査で、全国の大学の体制や実態について調査をしました。②は特色ある教育活動、教育改善を進めている事例の調査ということで、約三十二の大学を選び訪問調査や質問紙調査を行いました。③に関しては、中学校や高等学校の理科、数学を教えるために必要な能力を同定して、それを育成するためのカリキュラムの在り方について研究が行われました。最後の④はＦＤに関するものです。研究方法に関しては、たとえば②に関しては、育成しようとする教師像、教師の指導力、教員養成カリキュラムの特色、現行免許法では不足と考えられる領域、「在り方懇」「中教審答申（平成十八年七月）」の教育改善への影響、養成教育改善の時期、組織、体制、教職課程の組織上・内容上の課題、「教職基礎」科目の位置付け、「教職基礎」科目の特色

等といったアンケートの項目を作り、全国の大学を訪問したり、書面で回収したりして結果を整理しました。育成すべき教員像をどのように大学では同定しているだろうか、どの程度のものを描いているのだろうかということを調べたわけです。

教員養成教育改善への視点の一つとして、育成すべき教員像の設定とカリキュラムへの反映・浸透という点があげられます。「カリキュラムへの反映・浸透」というのは、いうことは簡単ですが実際に行うのはむずかしいものです。この点に関して良い事例を探し、集めました。一般的には、児童生徒理解、教育内容の把握、使用教材の選択力、学習評価の力量、改善能力等に注目することになりますが、それを大学四年間でどの程度教えられるかということになると、なかなかむずかしい面があります。それから、小学校と中学校・高等学校ではどのように違うのかという課題もあります。

また、さまざまな事情を踏まえた学内組織体制の在り方ということも、改善の視点の一つです。先進的な事例としては、全学のプロジェクト、全学の教員開発センター、教職開発センターのような組織を置いて、カリキュラム開発、教育委員会の免許の申請届け、教育委員会との連携等を全学的に行っているところがあります。改善への視点の三つ目として、免許法科目を基礎としたカリキュラム開発があげられます。ともすれば、開放制の教員養成の場合は免許法の科目を最低限クリアしそれで免許を取れば良いというような形で展開されがちなのですが、はたしてそれで良いのか。最後の視点は教員の協働体制の在り方です。大学というところは、それぞれの専門の先生方が集まって、独自に動いております。中学校や高等学校のように、毎日、終日先生方がいるわけではないので、会議をするにしても日程調整がむずかしいこともあるわけです。そのようななかでの協働体制の確立は重要な課題で、たとえばたくさんの先生方が意見交換をしながらシラバスを作っていくということは、どこまでできるのか。最後は、そういう運営上の課題になってくると思います。

このような問題意識をもち、国立教育政策研究所の調査研究として実践資料を集めました。以下、研究結果の概要を述べさせていただきます。第一に、教員養成に関する組織の在り方に関してです。まず、教員養成カリキュラム委員会や教師教育開発センターといった、学部の枠を超えたセンターを設置している例があります。たとえば岡山大学は、開放制の免許制度においては最低限の単位で教員免許の取得が可能となっていることへの疑問から、そのようなセンターを設置したという報告がされています。それから、教科等を超えた組織の再編を実施した大学もあります。鹿児島大学大学院では、教育学研究科内の学校教育専攻と教科教育専攻を一体化し、教育実践総合専攻に組み替え、中身を見直していく取り組みがなされています。また、千葉大学では小学校課程と中学校課程に分けて、各教科から課程のほうに人を増やす仕組みに変えたというようなことが報告されています。

教科専門担当教員と教職専門担当教員の協働体制という点では、これは中教審答申のなかに「架橋」というキーワードが出てきますが、教科専門と教職専門の架橋、つまり橋渡しをするということです。協働体制を組み、そのためのカリキュラムが作られています。現状では、教科内容開発や教科内容研究というものが多いようです。教員養成課程を専門にしている大学には、教科教育等を担当する先生と教科内容を担当する先生がいらっしゃいますが、それぞれが個別に展開していて、それが授業構成に具体的に活かされてないのではないかという問題意識がありました。それに関しては、実践的教育力と育成すべき教員像を共有して教科内容構成研究を行うという、岡山大学や広島大学をはじめとしたいくつかの例が存在します。

それから教職センターの機能拡充を通して、全学的なマネジメントをする大学がいくつかあります。玉川大学がその代表例です。玉川大学には全部で八つの学部がありますが、介護体験、教育実習、免許申請業務等をひとつのセンターで実施している事例です。組織的FDの実施に関しては、具体的な方策としては、プロジェクト研究のような形でプロジェクトチームを立ち上げて、教員をそこに動員するような仕掛けを行っているという例が報告されました。

第二に、教員養成プログラムの改革に関してです。育成すべき教員像、教員として必要な資質能力の明確化という点に関しては、先ほど指摘したような一般的なものが比較的多いと思います。それを要素化して、カリキュラムと結びつけて線引きをしていくという作業が必要ですが、そこまでは資料としては得られておりません。また、学習者依存型からプログラムに基づく教育への変換も見られます。学習者依存というのは、学生に自分自身で履修の仕組みに沿って教科科目を学習させていくという形ですが、その方法よりもできるだけプログラムを大学で設け、履修モデルを示すような教育を展開していかなければいけないという流れです。

それから、専門科目と教職の架橋に関しては、先程述べた通りです。改めて教育内容・カリキュラムを考えている例として、和歌山大学の教科内容研究、静岡大学の教科内容指導案、島根大学の教科内容構成研究があります。また、理論知と実践知の架橋に関しては、たとえば島根大学の一〇〇〇時間体験学習、学校フィールドスタディ等の事例がみられます。それから養成教育と現職教育の架橋についてです。例えば教職基礎科目をどこに位置付けるかという点に関して、今はどの大学でも行われていると思いますが、教職課程のスタートのところに位置付けられています。広島大学は学校教育の基礎理論の科目を、教職入門や小学校教育実習入門の後に位置付けるような工夫をしています。また、立命館大学では学校教育演習といった科目を設置しています。

先程申し上げましたように、四つの視点（育成すべき教員像の設定とカリキュラムへの反映・浸透、さまざまな事情を踏まえた学内組織体制の在り方、免許法科目を基礎としたカリキュラム開発、教員の協働体制の在り方）を踏まえながら、大学において設定した教員像がはたしてどこまでカリキュラムに具体化できるのかというのが一つの課題だと思います。

養成段階における東京都教育委員会の取り組み
―東京教師養成塾の取り組みを通して―

東京都教職員研修センター主任指導主事　荒川　元邦

東京都教職員研修センター研修部で人材育成を担当しております荒川元邦と申します。どうぞよろしくお願いいたします。私ども東京都教育委員会では、大学と連携をし、将来学校運営の中心となる人材を学生の段階から養成していく東京教師養成塾といった取り組みを行っております。本日はその取り組みについてご紹介をさせていただきたいと思います。

現在、東京教師養成塾は都内及び近郊の三十六の大学、及び区市町村教育委員会と連携をいたしまして、「豊かな人間性と実践的な指導力を兼ね備えた人材を、大学の養成段階のうちから育成する」ことを目的にしております。平成十六年度に開塾し、今年度でちょうど十年目を迎えています。今年の塾生が十期生になりますが、約一〇〇〇名以上の修了生がすでに東京都の教員として活躍しております。東京都には教諭の上に主任教諭という職層がありますが、一期生がちょうど昨年、主任教諭の選考を受けられるようになりまして、今では主任教諭として活躍している修了生も多くおります。東京都では教育に対する施策や事業を数多く展開しておりますが、ひとつの事業が十年続くというのは、今までなかなかありませんでした。それだけこの養成塾という事業は重きを置かれています。また、東京都の教育振興基本計画である「東京都教育ビジョン」にも、東京都の重点施策として養成塾の事業が示されています。さらに、この養成塾の塾長は東京都教育委員会の教育長、副塾長は研修センターの研修部長が務めており、こうした点からも、東京都教育委員会としてこの事業に重点を置いていることがお分かりいただけると思います。

まず、養成塾の事業の指導体制についてご説明させていただきます。この事業は小学校教員の養成を目的としておりますので、小学校の元校長で優れた実績と高い専門性を有している十五人を指導者としています。この指導者を私どもは「教授」と呼んでおり、養成塾の塾生一五〇名を十人ずつの班に分け、一人の教授が各班につき一年間指導します。つまり学校でいうと担任のような役割を教授が行うことになります。その他に私ども事務局には「指導主事」（教員経験者）という職の者がおります。「主任指導主事」は、いわゆる学校でいう校長格です。また、「統括指導主事」という副校長格の指導主事がおります。そして指導主事がいますので、教授も含めてある意味校長、副校長、主幹教諭、担任の先生……と一つの学校の組織のようになっているのが養成塾の特徴で

す。さらに、「教師養成指定校」に指定した都内公立小学校での実習では現場の校長先生、副校長先生、指導教員の先生から直接指導を受けるとともに、その学校がある区市町村教育委員会の指導主事、そして連携している大学の先生方にもご協力いただき、塾生を育成しています。したがって、たとえば塾生が研究授業を行う際には、一回の授業で七～八人の先生方から指導を受けることになります。それが一年間続きますので、一年経つと授業を行う力が相当ついてくるといったような仕組みになっています。ちなみに養成塾では、四～七月を形成期、九～十一月を伸長期、十二月以降を充実期と一年間を三期に分けて段階的に育成をしています。

次に、養成塾で実施している内容について説明させていただきます。メインとなるのは特別教育実習です。それを補完するような形で講義、ゼミナール、体験活動があります。

特別教育実習は、先程申し上げた指定校で、一年を通して実習を行うものです。本年度は都内四十二区市九十九校の小学校で実習をさせていただいております。年間約四十日、時間にして四十時間以上の授業実践を積むことを塾生に課しています。また、毎月研究授業を行うことによって授業力を高めていくといった取り組みも実施しています。時期ごとにみると、形成期（四～七月）の段階では、子どもたちとさまざまな場面で関わるといったことを目的としています。たとえば、掃除や給食の指導、休み時間子どもたちと一緒に遊ぶ等の活動を通して子どもたちとの関わりを身に付けていきます。さらに授業については、一時間の授業をどのように展開していくのか、子どもたちにどのようなねらいをもたせていくのかという授業の基本となるところを学んでいきます。続いて伸長期（九～十一月）では、さらに子どもたちを理解する力を身に付けます。

授業については、単元を通して授業をどのように組み立て、そのなかで一時間をどのように位置付けるかといったようなことを学びます。充実期（十二月以降）は、来年度から教員になるということが現実味を帯びてくる時期なので、どちらかというと実践的な取り組みが中心となってきます。丸一日担任の先生を任せてもらうといったこともこの時期に経験させていただきますし、職員会議や保護者会にも参加させていただきます。このように段階的に育てることによって、実践的な指導力を身に付けさせようとしています。

続いて講義ですが、さまざまな分野で活躍している方をお招きして広く教養を高め、視野を広げることを目的に行っています。年間九回、土曜日に東京都教職員研修センターで行っております。教養を高め視野を広げるといった形で、教育関係者に限らずさまざまな分野から講師の方をお招きしています。

もう一つ、ゼミナールと呼ばれるものがあります。これは養成塾担当教授や指導主事が講師となって、具体的な取り組みを通して実践的な指導力や専門性を高めていくものです。通常は教職員研修センターで月二回、土曜日の午後に実施しています。たとえば授業づくりの基礎に関して教授が授業を行い、それを塾生がみながら授業の基本について学んでいきます。また、塾生がそれぞれ児童役・教師役をやり、子どもから相談されたときにどのように答えるかといったようなことを、具体的な場面を想定しながら学びます。ゼミナールの形態はさまざまで、ロールプレイング、シミュレーション、フィールドワーク、ワークショップ等があります。ゼミナールのなかでは合宿も行っており、代々木の国立オリンピック記念青少年総合センターで寝食を共にし（一泊二日）、塾生同士の絆を深めていきます。違う大学の人間が集まってディスカッションをしますので、塾生同士も刺激し合い、良い経験になっていると思います。

講義やゼミナールでは、活動が終わった後に班別で協議を行っています。講義で学んだことを教育の現場に活かすにはどうしたらいいのか、ゼミで学んだことを自分で具体的にどのように取り組んでいくのかといったことを班で話し合うことで、学びを深めていきます。

続いて体験活動です。これは塾生に限りませんが、教師になる多くの方々は就職活動をする機会がほとんどなく、企業の責任や社会人としての責務に関して知る機会が限られています。そこで二十五の企業・事業所等にご協力いただき、夏休みに五日間体験的に学ばせていただいております。たとえば新聞社において実際に甲子園で取材し記事を書く、スーパーマーケットにおいて接客業を実際に学ぶといったようなことをさせていただいています。

次に、私どもが養成塾の取り組みを通して、大学の教員養成課程で身に付けてほしいこととして四点をあげさせていただきます。

第一は、「具体的な教師像をもつ」ことです。多くの若い先生方は、先生になることが夢になってしまっており、先生になった途端に夢がなくなってしまうことが多くあります。自分が何をして良いのか、何を目指せば良いのかが分からなくなり、こんなはずではなかったと道半ばで残念ながら退職される先生方もいます。したがって、大学生のうちから、教員になってから五年後にはどんな教員になりたいか、十年後にはどんな教員になりたいかという具体的な目標をもって自身のキャリア・プランを作っていただけると大変ありがたく思います。

第二は、「コミュニケーション能力を高める」ということです。塾生をみていて一番多いのは、話をうまく聞けずに同僚の先生や子どもたちと人間関係をうまく築くことができないことです。話を聞くというのは、ただ聞いているだけでは相手には伝わらず、聞いた後にどのように行動に移すか、ということが大事だと考えています。こうしたことも、大学生のうちから意識して身に付けてもらえるとありがたいと思っています。

第三は、「基礎的な知識や教養を身に付ける」ことです。今、実はこれが大変大きな課題になっておりまして、子どもたちの学力を高める前に、まず先生としての学力を高めてほしいと思っています。たとえば、小学校では合計一〇〇六字の漢字を学びますが、一〇〇六字を書き順も含めて正しく書けない塾生も実際にいます。また、算数の授業で子どもに間違った答えを教えてしまったケースもありました。これは小学校だけではなく、中学校でも英語の先生を目指す学生が英語のスペルを間違えるといったことも実際にありました。子どもたちに間違えたことを教えてしまうことは子どもの一生を左右することにつながるといっても過言ではないので、基礎的な知識や教養あるいは教科の専門性を大学生のうちから高めてほしいと思います。

第四は「スケジュール管理をする」ことです。このことは、学校の先生になってから非常に大事なことです。たとえば初任者研修がありますが、これは教員として必ず受講しなければならない研修にもかかわらず、日にちや時間を間違えてしまい受けられなかった事例があります。また、学校の先生には、提出物や報告書等の期限を守ることも厳しく求められます。こういったことは教員になってからだとなかなか身に付かないので、ぜひ大学のうちから意識していただけるとありがたいと思います。

最後に、教師養成塾以外の大学の教員養成に関わる東京都の取り組みについて簡単に三つ説明をさせていただきます。

一つは教職大学院との連携です。早稲田大学をはじめ都内五つの大学と連携しており、私どもの求めるカリキュラムを教職大学院で学んだストレート・マスターは、学長の推薦を受けて、採用選考の特別選考を経て先生になることができるといったものです。

次に小学校教職課程カリキュラムの策定です。東京都教育委員会として、大学のうちに身に付けてほしい最小限必要な資質・能力を三領域十七項目にまとめ、カリキュラムを作成しました。これについては、小学校教員養成課程を有する全国の大学すべてに配布をしております。また、これの学生版を作り、全国の教員養成課程をもつ大学の学生分二十二万部を印刷し、各大学に配布をさせていただいております。

最後は、採用前実践的指導力養成講座です。これは、今年から拡大し、「学級経営」、「特別支援教育」、「保護者対応」、「体育の実践力向上」、「理科の実践力向上」、「外国語の実践力向上」、「道徳の実践力向上」の七講座を実施します。そのなかで、「学級経営」、「特別支援教育」、「保護者対応」については、全員受けていただく講座にしています。

このように、東京都教育委員会では大学と連携しながら、笑顔が溢れる教員の育成を目指しております。以上で私の発表を終わらせていただきます。

社会全体で教員を支える仕組みづくり
―Teach For Japan の挑戦―

認定NPO法人 Teach For Japan 代表理事　松田　悠介

Teach For Japan の松田と申します。私ども Teach For Japan は、一人でも多く、熱い想いをもっている先生が熱くあり続けられるような社会を作っていきたいと思い、活動をしている認定NPO法人です。本日は、NPOという立場でどのように学校現場、そして先生がたのパフォーマンス向上に貢献できるかといった点をご紹介したいと思います。

私も大学を卒業してまず教員になったのですが、自分が教員になろうと思うようになった原体験は、自分自身が中学校時代にいじめられていた経験からきています。その当時は、助けてくれる人がいないことがとても辛かったです。自分の同級生は見て見ぬフリだし、大人たちもなかなか気付いてくれないなかで、非常に苦しみました。そんななか、自分と向き合ってくれる恩師の存在が自分の人生を変えていくことになります。自分も恩師のように学校のなかで弱い立場にいる子どもたちに向き合える先生になりたいと思い、教員になりました。ただし、自分はこのような熱い想いをもっていましたが、同僚の先生がたは必ずしもそうではなかったというのが私の居た

環境です。自分がたまたま出会った先生は、四十五分の授業のうち四十分間はずっと黒板に向かって授業をしていて、子どもたちは大人が自分に期待をしていないというのが伝わるのか、学級崩壊が起こっていました。携帯をいじっていたり、漫画を読んでいたり、寝ていたりしていました。一番ショックだったのは、その先生が職員室に戻ってきたときに、溜め息をつきながら「今日もA君、B君、C君がうるさくて授業にならなかった」ということを嘆いていて、それに対して若手の先生が「今日もB君ですか。あいつは、私の授業でもうるさくて仕方がないんですよね」と同調していたことです。

　私はそれを聞いたときに強い憤りを感じました。なぜかというと、教育というコンテクストのなかにおいて、子どもが悪いということは何ひとつないと思っているからです。子どもの前に立つ大人たちが作り出す環境によって子どもたちは形成されていくわけで、学級崩壊は子どもの責任ではないわけです。「なぜ伝わらないのだ」ではなくて、伝え方を考え直していかなければならないのです。大人たちがどういう志をもち、授業を作り、授業を展開し、毎回の授業を振り返るかが重要です。最初から完璧な授業ができなくても、毎回毎回の授業が改善されていけば子どもたちには伝わります。そういった環境が子どもたちを形成していくはずです。情熱をもち、子どものことを第一に考える先生が多くいるなか、一方で責任をすべて子どもに押し付けている先生が存在していることに違和感をもち、どうすれば一人でも多く子どもと向き合える大人を増やしていくことができるのかを考えはじめます。とはいえ、現場に熱い先生がいないと思っているわけではありません。私も多くの熱い想いをもっている素晴らしい同僚に恵まれました。ただ、不思議なことに長い間学校文化にいると、その熱い想いが年々削がれていく現実的な問題もあるわけです。私はその頃から、「どうすれば子どもと向き合うことができる大人を一人でも多く学校のなかに増やしていけるだろうか」という教員採用に対する問題と、「どうすればそういった熱い想いをもっている先生がたの思いが持続できるのだろうか」という育成の問題の答えとなる仕組みを作りたいと思い学校現場を離れました。

その後、ハーバードの教育大学院に留学した時に出会ったのが、Teach For America という今から二十三年前にアメリカで立ち上げられたNPOです。アメリカにも困難校の問題や格差の問題がありますが、その問題に対して強い憤りをもったのが創始者のウェンディ・コップです。生まれた地域や家庭環境によって子どもの人生が左右されているという現状を解決するために、物やお金といったかたちではなく、子どもたちと向き合う人を変えていこうという取り組みです。実際に行っているのは、全米の困難校に最も優秀で情熱のある人材を派遣し、彼らに五週間のリーダーシップ・トレーニングを提供し、赴任中の二年間に徹底して研修、サポート、メンタリングを行い課題解決を図っていくプロジェクトです。今、全米の公立校に毎年六〇〇〇名のTeach For America の先生が配属されています。二年間のプログラムなので、今この瞬間も一万人以上の Teach For America の先生たちが厳しい状態にいる子どもたちと向き合っています。ただ単にマイナスの状態をゼロにしていくのではなくて、この厳しい状態にある子どもたちを十年後、十五年後の社会を切り開いていくリーダーにしていくため、最高の教育を提供していこうという想いで活動しています。現に Teach For America の先生が教えると、既存の先生と比較して学力が二〜三割程度向上するというデータも出ており、進学率、進級率、出席率、そして宿題の提出率まで変わるというふうにいわれています。

驚くべきは、二〇一〇年の文系学生の就職先人気ランキングで Teach For America が一位になったということです。グーグル、アップル、マイクロソフト、ゴールドマン・サックス等を抜いて、困難校で二年間先生をするという仕事が一番魅力的なものになっているわけです。私は「これだ!」と感じました。一人でも多くの子どもと向き合うことのできる大人を増やしていく仕組みに出会い、これを日本で展開すべく活動をしています。

われわれはすべての子どもたちに素晴らしい教育を提供していきたい、そういう教育インフラを作っていきたいと思っています。質の高い教育というのは、目の前にいる子どもたちに対する全力投球だけではなく、時代の流れを的確に読む必要があると思います。時代の変化に沿ってどういった教育が求められていくのかを常に考えながら、子どもたちと向き合っていかなければいけないと思います。われわれには三十六カ国のネットワークがあり(二〇一四年十一月現在)、そのなかで今後子どもたちに何が求められてくるのかを議論しています。発展途上ではありますが、三つの切り口があるかなと思います。一つは自発性です。二つ目はコミュニケーション能力です。

これは国際的なコミュニケーション能力のみではなく、根本的な国語力も含めます。多様性を受け入れたり尊重したりするという点もそうかもしれません。あとは、知識を頭に入れるだけではなく使っていく教室環境を作る必要があると考えています。特に自発性に関してはさまざまなデータが出ています。たとえば日本青少年研究所のデータによると、六五パーセントの高校生が自分をダメな人間だと思っています。ＰＩＳＡで日本が学力一位になったとしても、自分がチャレンジをするとか、それを使うという自尊心がなければ、結局それは活かされていきません。学力テストで一位であるにもかかわらずなぜ日本人の国際競争力は二十四位なのか。このギャップは、こういう点が一つの切り口として考える材料になるのかなと思っています。

二十一世紀に突入し時代はどんどん変わっていますが、まだまだわれわれは二十世紀でうまく機能した教育を提供してしまっていて、このサイクルのなかでＰＤＣＡを回しているのではないでしょうか。ここからどのようにブレイクスルーしていくのかという問いを、われわれ教育に携わる者は常に考えていかなければならないと思います。またこういった教員養成を特定機関だけで発展させるのではなく、社会にはさまざまなリソースがありますから、われわれＮＰＯがそういったリソースを上手くつなぎ合わせて教育委員会や学校現場の支援ができるようにしていきたいとも考えています。

もう一つ重要なのは、「すべての子ども」ということです。自発性、課題解決能力、コミュニケーション能力がトップ数パーセントの人にだけ求められているのではなくて、すべての子どもたちがこういった教育を受ける権利があるわけです。われわれはいろいろな困難校に入って先生の話を聞くのですが、やはり厳しい状態にある子どもたちへの期待値は、きわめて低いです。問題さえ起こしてくれなければ良い、赤点さえ取ってくれなければ良い、そんな期待値であれば誰も期待に応えようと思いません。彼らは別に非行をするために生まれてきたわけではないのです。大人たちの不条理や嘘に対して怒りをもっています。私は、今後日本を引っ張っていくリーダーは彼らだと本気で思っています。私は大学院でリーダーシップの研究をしましたが、社会変革に携わってきたリーダーには共通しているものがありました。過酷な修羅場を経験し、強い怒りを伴った原体験をもち、こういったものを成長の原動力にしているのです。厳しい状況にいる子どもたちは今まさしく不条理に対して怒りとともに戦っています。このままであれば、彼らは高校に行けず、大学に行けず、仕事に就けず、生活保護を受けるかもしれません。ただ、彼らが抱えているハードルを一つでも多く取り除くことができれば、必ず真のリーダーが育つと思っています。

Teach For Japan は、こういった形で Teach For America のモデルを日本に展開すべく活動をしています。優秀で情熱のある人材に一人でも多く学校現場に携わってもらいたいです。今までの教員養成は、大学で教員養成をして、あとは現場に入ってから初任者研修や中堅者研修を通して……という流れであったと思います。それに対し、時代の変化に伴い多角的なサポートや連携が必要となってきたため、現在、修士化の動きや教育委員会、大学、大学院、学校との連携を強めていこうという国の流れがあるのだと思います。ただ、現場に入るまでの部分に関してはまだまだ手が付けられていない気がします。たとえば、教員免許をもっている人で実際に教職に就くのは全体の三〇パーセント弱なのですが、私の周りでは、優秀な人材こそ民間に流れていっているような感覚があります。もしくは、「自分は一度民間を経験してから教員になるのだ」と、まず民間に就職して行く人たちがいます。十年経ったとき、彼らは教育現場には来ないのです。そっちの世界の方が刺激的で楽しくなってしまい、生活も安定させなければならないためです。

教員志望者の多様性もなかなか担保できていないと感じています。私の周りをみていると、社会で働いてみて、子育てをしてみて、いろいろな社会課題にぶつかって、最終的に教育に行き着く人は多いです。ただしそういう熱い想いを持っている人たちが学校教育に貢献したいと思っても、「免許をもっていない」というのです。では通信教育で取れば良いだろうと考えますが、優秀な社会人は勉強をする暇がないのです。では会社を辞めて大学院に入り直せば良いだろうといっても、家庭があるわけです。いろいろなハードルがありますが、こういった人材をどう取り込めるのかという点も、われわれは考えていきたいと思っています。

Teach For Japan は現在、一度社会に出ようと思っている学生たちと積極的に会って、彼らを学校現場に入れていくと共に、彼らの想いを活かすためのサポート体制とキャリア支援をしています。具体的には、事前に教育委員会と連携をし、臨時的任用や常勤講師、少人数加配講師の枠で人材をご紹介させていただいています。われわれはそういった採用枠に応じてフェローを採用し、彼らに対して二六〇時間の合宿型研修を行い、赴任後二年間はメンタリングや定期的な研修を通してサポートしています。求めている人材の能力に関しては、特に課題解決力、コミュニケーション能力、リーダーシップ、ミッションへの共感というのを大切にしています。研修では、褒め方、叱り方、学級マネジメントから動機付けに至るまで幅広く学ぶために、さまざまなプロフェッショナルの方々に来ていただきます。また、社会人スキルに関しても学びます。批判的思考力やクリエイティビティを高め、課題解決のフレームワークをしっかりと伝えていくといったワークショップを実施します。さらに、これからの時代はどういう時代になっていくのだろうか、日本はどういう課題に直面するのだろうかということに関してしっかりと理解を深め、徹底的に議論をして指導案に落とし込んでいきます。教育委員会と連携しながら、実際に三月までに現場に入りながら教育実習を展開し、現場で感じた課題意識をワークショップなどを通して内省していきます。

また、赴任後は定期的に研修会を提供しています。この研修会は、「もっとＩＣＴを使えるようになりたい」、「メンタル面で傷をもっている子どもに対するカウンセリングについて知りたい」といった現場のニーズを組み上げて、それに合わせた研修を設計しています。また、やはり私も現場で感じましたが、日々の多忙化の中で向かうべき姿を見失ってしまいます。これを見失わないために、二週間に一回もしくは月に一～二回、しっかりとメンタリングをしています。私自身も、同僚や先輩はいるけれどもすごく忙しそうにしていて声をかけられない、指導主事ともなかなか上手い信頼関係が築けていないので自分が本当に心の底で苦しんでいることを共有できないといったことがありました。そういったことで、信頼関係を築けているわれわれのフェローサポート担当とメンタリングをしていきます。また、授業見学や模擬授業を通してフィードバックをしていくということをやっています。既存のシステムですと、二年に一回もしくは一年に一回、研究授業という形でフィードバックを受ける機会はありますが、これを月に一回のペースでやっていきたいなと思っています。あとは、この熱い想いを維持するために、仲間がいるということが重要です。学校のなかのみならず、全国に仲間がいるというのは非常に大きな心の支えになると思っています。

最後に、教師のキャリアについてお話をして終わりにしたいと思います。Teach For Americaの場合ですと、二年間のプログラムが終わった際にそのまま教育現場に残るのは約七割です。入口のアンケート調査では「三年目以降も教育に携わり続けている」と回答しているのが六パーセントしかいないことを考えれば、七割の人が教育現場に引き続き教師や何かしらの役割で残り続けるということはとても素晴らしいことだと思います。今まで教育をキャリアとして考えなかったであろう優秀な人材がこの二年間の経験で、教育に対する当事者意識が芽生え、そして教育を一生のキャリアとして考えるわけですから。また、そのほかの教育業界から離れている約三割の人材も非常に興味深いです。この三割の卒業生は、政治、ビジネス、行政をはじめとした仕事に転職をしていきます。これは何が良いかというと、やはり二年間やってみるからこそ、自分は本当にこの仕事を続けていく想いがあるのか、自分に向いているのかを見極める機会になるわけです。やはり現場だ、と思えば残り続けますし、現場の課題を解決するためには政治を変えていかなければいけない、行政を変えていかなければいけないと思った人たちはそのキャリアに進んでいきます。たとえばワシントンD.C.元教育長のミシェル・リーや現教育長のカヤ・ヘンダーソンもTeach For Americaの卒業生ですし、今いろいろな分野でTeach For Americaの卒業生がビジネスリーダーになってきています。

アップルであったり、ゴールドマン・サックスであったり、グーグルであったり、そういったところに就職したとしても二年間の学校現場での経験があるので、教育の重要性を理解し、教育に対して投資をします。社会全体を巻き込みながら学校を支援する仕組みを作ることができるわけです。Teach For America は今、年間三〇〇億円の寄付を集めています。社会全体を巻き込みながら教育を良くしていく仕組みを日本でも作っていきたいと思います。いろいろな企業とも連携させていただき、二年間の経験を通して違った立場で課題解決に取り組みたいと思う人材がいれば受け入れるといった言葉もいただいています。教師をするとリーダーシップが身に付きます。修羅場をくぐり抜け、大人の成長につながる環境があります。教師出身者がどんどんリーダーとして社会で活躍するようなキャリアパスがあっても良いと思います。今後の展開ですが、二〇一五年度より教員免許をもたない人材に教育委員会から特別免許状（中学校英語）を付与していただき、さらに大学と連携をしてエビデンスに基づく効果検証も展開する予定です。教員免許をもたない人材の効果を証明し、さらに多様な経路から優秀な教員を採用できるよう教育委員会のサポートをしていきたいと思っています。また、このネットワークは三十六カ国に広がっていますので、お互いグッド・プラクティスを共有しながら、全世界的な仕組みにしていきたいです。日本独自の課題もありますが、日本だけの課題というのは実は少ないです。グローバルな課題なので、グローバルなネットワークを活かしながら解決していきたいと思っています。以上、Teach For Japan の仕組みのご紹介をさせていただきました。

総括討論

〔司会〕早稲田大学教育・総合科学学術院教授　三村　隆男

三村：ご来場の皆さまの質問は質問票にご記入いただき、すでに登壇者の手元にあります。私のところにもう一つ「日本で働く外国人教師についてどのようにお考えですか」との質問が届いております。この質問は登壇者の皆さまに対する質問となっております。それではよろしくお願いいたします。

岩田：東京学芸大学のようなトラディショナルな教員養成機関では、いろいろな意味で限界があります。授業がものすごくやりやすく、学生はチャイムが鳴ったら席に座る、テキストを開いて先生の話を聞くという姿勢・構えができています。ところが、実際の教育現場は、そういうわけにはいきません。優等生ばかりではないところから教育問題が生まれているにもかかわらず、優等生を再生産するような形で教員養成が行われています。この連鎖を何とかできないものかずっと悩んでいます。もう一つの限界はグローバリゼーションの問題です。公務員身分との関係もあって、外国籍の教師の正規採用というのは非常にむずかしいのが現状で、それゆえ教員養成課程に留学生が入りにくいのです。

また、教師を育てる際、過剰なお膳立てをするのは逆効果だと考えております。つまり、ある

程度のお膳立てはするけれども、自分の学びは自分で作るという若者を育てる環境を作っておかないと、これからの教育実践が豊かになりません。自分の学びを自分で作れない先生が、子どもたちの自立的な学びを作れるかといったら、おそらく無理でしょう。特に、お膳立てに権力性が絡むことには抑制的でありたいと思います。その意味では、私は松田様のご講演は大変新鮮に伺いました。やはり、権力性をもっていないＮＰＯだからできることがあるのだと感じました。

工藤：外国人教師に関して考えますと、たとえば、日本の高等学校は「これほど多国籍化していない学校はない」といわれるほど外国籍の生徒が少ないです。ただし、地域によってはさまざまな国から働きに来た者の子どもたちが多く在籍する学校もあります。やはり需要が増えれば、外国人教師に関する取り組みも広がってくるのではないかと思います。こうあるべきだ、ということではなく、やはり状況と必要性のなかで動いてくる問題なのではないでしょうか。

荒川：手元に三つご質問をいただいておりますので、全体に対するものを含め合計四つお答えしたいと思います。一点目は、「養成塾に中・高の教員を養成するものは作らないのか」というものです。小学校のコースをなぜ作ったのかというと、中・高と違い、小学校は採用されてすぐに担任をもち、中・高よりもすぐ実践的に解決しなければいけない能力を求められるからです。中・高に関しては、教科が一番のネックになっています。中・高は教科で採用されますので、たとえば国語何人に何人を枠取ってどのようにシステムを作るかというのがなかなかむずかしいのです。

それから、「養成塾ではこれまでの十年をどのように検証しているか」というご質問が来ています。やはり事業としてやっておりますので、当然、効果検証が求められています。養成塾では、これまで何人が修了して、どの人間がどこの学校でどのように働いているのかをすべて把握しています。東京都には教師道場というものがありますが、何人がその教師道場に入っているか、何人が主任教諭選考を受けているかすべて分かっております。特に修了一年目の先生については、教授が修了生を訪問します。学校の先生方や校長先生と直接会って課題を共有し、必要があればフォローしていくという取り組みも行っています。

また、「教諭になった後のキャリア形成について、現職教員にどのように伝えているのか。東京都教育委員会の取り組みを教えてほしい」ということなのですが、学校の先生になると、まずは校長先生と面接を行い、一年間のキャリア・プランだけではなく十年間のキャリア・プランを立てます。それからわれわれの研修センターでもさまざまな研修を実施します。

外国人教師については、先ほど工藤先生からのお話にもあった通り、特に小学校では日本国籍をもたない子どもたち、日本語を話せない子どもたちがけっこう入ってきています。日本語教室などを設けている学校も増えてきています。また、グローバル化のなかでやはり外国人教師は今後必要になってくると、個人的には思っております。

松田：いくつかご質問をいただいております。一点目は、「なぜ今まで、多様な価値観を受け入れる教育、課題解決や論理的思考力が育まれる教育がなされていないのか」というご質問ですが、二つの観点からお答えしたいと思います。一つは、「やり方が分からないから」というのがあると思います。社会ではコミュニケーション能力、多様な価値観、ダイバーシティ、論理的思考力等が求められていますが、今までの教育手法のなかで育ってきた多くの方々がそのまま学校現場に入り、トレーニングされないまま子どもと向き合うことになり、要請に応えきれてない状況があると思います。もう一つは、「詰め込み型の試験方式に子どもたちを対応させなければいけない」という制約条件があります。とはいえ、これはいろいろな形で回避できると私は考えています。学習指導要領は、教え方の部分は限りなく教師に権限が与えられるようなものになっています。ディスカッションを誘発するようなものであったり、ファシリテートしながら多様な価値観を受け入れていくというようなものであったり、プロジェクトベースで課題解決をしていくような二十一世紀型のスキルというのは、手法・アプローチのなかで子どもたちに伝えていくことができます。グッド・プラクティスをどんどん蓄積していき、他の先生方と積極的に共有していくようにしたいと思います。

二点目は、「民間人の活用を促進させていくべきだと思います。どのように進めていく予定ですか」というご質問です。まずは、教員免許をもっている人材で、民間を経験して社会を実感している人たちをどう呼び込むかという問題があります。今までの教員募集の方法では呼び込めないでしょう。待遇も下がるし、これだけ教員バッシングが盛んになってきているなかで、あえてそこに飛び込もうというのは結構ハードルが高いです。われわれは、社会的な使命をもち、教育を通して日本を作る、厳しい状態にある子どもたちに最高の教育を与える、といったビジョンをもっています。このビジョンが、どれだけ給料が下がろうとも、どれだけ劣悪な環境であっても飛び込んでいこうというエネルギーになり得ています。もう一つは、特別免許状の活用促進です。免許をもっていない人に対して、ある一定の経験に基づいて特別免許状を付与する制度がありますが、今まであまり活用されておらず、十数年のうちで二〇〇件ほどしか例がありません。特別免許状の付与には、都道府県がすべての責任をもたなければなりません。重要なのはどうリスクを分散するかです。

三点目のご質問は、「優秀な人材が現場に入っても、組織が変わらなければどうするのか」というものです。私どものアプローチでは、「僕たちのほうが優秀だ、君たち既存の先生はダメだ」ということは一切ありません。私どもはあくまでも、子どもたちのためになることは何なのかということを日々考えているのです。そのためには学校組織や学校文化を大切にしていかなければなりません。ただ荒くれ者が入って荒らしていくだけでは絶対に駄目なわけです。そこで求められるのが教員のリーダーシップやコミュニケーション能力です。今までの経験を尊重しながらどう信頼関係を築いていくか、いろいろな価値観とどう向き合っていくのかといったことをわれわれフェローはとても大切にしています。また一方では、教育委員会と連携をして教員養成の在り方、教員採用の在り方を再考する事業委託・事業連携をはじめています。

最後に、外国人教師に関するご質問に関してですが、「いかに多様な価値観をもっている人が教育に携わるようになるのか」という点から考えた場合、国籍という切り口で分けているだけでは次のステージには進めないと思います。そのような切り口だけではなく、お互いの立ち位置を尊重しながらいろいろな方々が学校現場に携わっていける仕組みを作っていくべきなのではないでしょうか。

三村：四人の先生方ありがとうございました。時間が限られておりますので、議論を二つに絞りたいと思います。一点目は、「グローバル化社会のなかで、ダイバーシティをどう考えるのか」です。教員養成カリキュラムのなかで、どういうスキルやコンピテンシーが求められているのかということに関して、カリキュラム開発や求められる教員像をふまえながらお話しいただければと思います。二点目は、「人材の確保をどうするのか。また、確保された人材が、どのような形で自分の人生設計のなかで教職を捉えていくのか」です。この二点について、先生方のご意見を伺いたいと思います。

工藤：この四月から大学に勤務していて感じるのは、ダイバーシティに対応できるような科目があまり置かれていないということです。教育実習対策演習を時間外で行っているところもありますが、公式のカリキュラムのなかにそのような科目は置かれておらず、学級経営に関する科目も非常に稀です。重要な事柄がカリキュラムのなかに位置付けられておりません。

岩田：カリキュラム・モデルを作れないかということは、ここしばらく私どもに課せられたテーマでした。二〇〇〇年に在り方懇（国立の教員養成系大学・学部の在り方に関する懇談会）のまとめが出たとき、日本教育大学協会でコア・カリキュラムのモデルを作るというプロジェクトに携わりましたが、教員養成の共通カリキュラムはできないという結論にたどり着きました。それを作らせようとした文部科学省のお役人にとっては大変不満な結論だったと思いますが、私どもの研究の成果としては誠実だったと思っております。特に大綱化以降、日本の大学の教育組織は多様化しており、教育実践に関わるコンテンツをどこに置くかも大学によって異なります。教育系の単科大学の場合は全学共通科目のようなところに置くことができますが、総合大学のなかの教育系学部の場合は、教育学部の専門の科目に置くことになる。つまり、どの科目にどういうものを、といったモデルが作れないというのが分かってきました。

外から注目されるような成果をあげているところはたくさんありますが、それがきちんと学内の合意と共通理解を得られているのかどうかも重要だろうと思います。外からグッド・プラクティスとして注目され目立っていても、実は学内では数人しか取り組んでおらず、大多数の人は「あれは○○さんがやっていることだよ」と考えているような例も多いです。これは、トップダウン方式で大学の動きが決定されていることの弊害でしょう。構成員の共通理解が大事だと思いま

す。そのうえで教員養成カリキュラムの問題をどう捉えるか、ということですが、やはり全体でのお膳立ての程度と、これから教育を担う人の基礎体力を養う部分（学びの姿勢、課題解決型の姿勢、世界に対する幅広い教養等）が大事で、これらをきちんと確保したうえで教員養成カリキュラムを考えていく必要があると思います。この基礎体力という部分は専門性の議論のなかで欠けてしまいがちですが、重要な要素だと思います。

三村：ありがとうございました。いわゆる既存のカリキュラムがあるわけですけれども、養成塾として、パラレルな形でカリキュラムを充実させようとしていらっしゃる東京都の教育委員会には、どのようなカリキュラム像がありますでしょうか。

荒川：養成塾のカリキュラムもさることながら、平成二十二年に私どもは小学校教職課程カリキュラムを策定しました。これは、大学の教員養成課程にお願いする形で、こんな力をぜひ身に付けさせてほしいというものをカリキュラムとしてまとめたものです。これは、都内の学校の先生方や校長先生方を対象に行った質問の結果をもとにしています。大学の学びの知見を現場に活かしてほしいという希望は常にあります。けっして大学が行っている取り組みが間違っているというわけではなく、岩田先生がおっしゃった通り、基礎になる部分が見逃されており、実はそこが大事なのです。

さらに、コミュニケーション能力を身に付けてほしい、現代の教育課題にマッチングするようなことを身に付けてほしいというような点をまとめました。それをもとに今度は、私どもが都内近郊にある約五十校の大学を訪問して、先生方から現在の大学における教員養成の課題をお聞きしました。また学生からも聞き取りを行い、授業見学をし、それから検討委員会を立ち上げ、カリキュラムとしてまとめました。三つの領域と十七の項目に分け、こんな力を身に付けてほしい、という到達目標を示したのですが、やはり大学の関係者の方々が、大学の教員養成カリキュラムのモデルを提示するのはむずかしいと思います。免許法が引っかかります。先ほど工藤先生からもありましたが、免許法のなかに学級経営という項目がないので、それをどのように位置付けるかは個々の大学に任されている部分が多く、モデルを示しにくいのです。

三村：ありがとうございます。松田先生には、育成すべき教員像に対するカリキュラムの在り方に関して、NPOとしての視点も交えてお話しいただければと思います。

松田：まず、カリキュラムに基づいて教員養成を行うという発想を変えていかないといけないと思います。今後、子どもたちの状況というのは多様化していきます。子ども一人ひとりの事例を考え、課題を解決するためのアプローチを体系的にまとめて準備するというかたちでは追いつかなくなるでしょう。Teach For Americaでは、今までの数万人の先生方の成果を徹底的に分析していきます。何が上手くいって、何が上手くいかなかったのかを全部分析します。成果があった先生にはどのような共通項目があるのかということも分析し、それを翌年の研修や採用の基準に反映していきます。このような分析を通して、成果をあげる教師の共通項目は、コミュニケーション能力、課題解決能力、リーダーシップであると結論付けられました。これらはオープンリソースで公開しています。世の中にはリソースはたくさんあります。カリキュラム解析をやっている方々の勉強会もたくさんあります。こういった情報にアクセスする必要性を感じることができるか、そもそも前段階にある課題解決をしようとする姿勢があるのかないのかといった点がすごく本質的で、まだまだわれわれは担保することができていないのが現状です。こういったコンセプトを広げていくことが重要だと感じています。

三村：ありがとうございます。Teach For America のように体系的なグッド・プラクティスを集約し、それを分析して次の実践につなげていくというシステムがあれば良いのですが、日本ではそうしたシステムがまだできあがっておりません。

松田：なければ作るしかありません。機動力を活かして、動ける人たちがそれをどうやって作っていくのか、そしてどう情報を共有しお互いを刺激し合っていくのか、そういう社会構造を作ることが重要だと思います。既存の路線とは違うという点で、われわれＮＰＯが貢献できることがあると感じております。

会場Ａ：今松田様がおっしゃっていた「ないなら作るしかない」という考え方は、確かにその通りだと思います。ただ、今まで作れなかった原因というものを十分に把握しないといけないと思います。作った組織が破綻してしまい、それから先、その組織が生んだ失敗が子どもの教育に影響してしまうかもしれないという点を考慮する必要があるのではないでしょうか。

会場Ｂ：私たちが学校で受けてきた授業形態というのは、どちらかというと欧米から導入してきた制度で、日本人は受身形でそれを受けています。それを変えようと、松田先生はハーバードで学んだものを日本に応用しようとしているのだと思いますが、日本人的な形で発表できていない、出せていないのかもしれません。今は、日本人が完全に欧米化するのか、日本人として新しい形を出していくのかが明確ではないと思います。どちらかに方向性を見出したうえで、新しい何かを作っていかなければいけないと私は考えています。

三村：ありがとうございます。この議論も尽きないと思いますが、いずれにしてもグッド・プラクティスを集約する策を、そしてうまくいかなかった場合はその要因を追求しながら、実践につなげていく策を再検討すべきだということですね。今後のグローバル社会の到来において、多彩な人材を教員養成というトラックにどう乗せていくのかという話が次にあがっているかと思います。大事な形としては、民間人から学校の先生へ、あるいは学校の先生から民間人へというキャリアがあっても良いのではないかという発想があります。教員養成においてどのような人材をどのように育成すべきかという点に関して、ご意見をいただきたいと思います。

松田：教師自身もしくは教育に携わっている方々がいかにアンテナを張れるか、だと思っています。十年後、二十年後の社会がどうなっていくのか、もしくはグローバルの労働市場や経済動向はどうなっているのか、二〇六〇年の日本はどういった課題にぶつかるであろうか……と考えていくと、必然的に日本人だけで解決できる課題は少なく、他国の方々と連携を取っていくことが必要になってきます。多くの先生方に「何のために教育していますか」という質問をすると、必ず返ってくるのは「子どもたちの笑顔のためです」、「今、目の前にいる子どもたちに生き生きと過ごしてほしいから」といったものです。この世界観はとても素晴らしいですが、「十年後、二十年後の日本がどうなっているか想像できますか」という質問に対しては、なかなか明確な答えが返ってきません。自分からアンテナを張り、世の中の動向を肌で感じながら、逆算して、「今ここで何ができるのか」を全力で考えることができる先生が少しでも増えれば、学校が変わり、文化が変わるというところにつながると思います。

荒川：やはり学校は確実に変わってきています。学校の先生も変わってきています。十年前の教育と今の教育はまったく違います。もっというと、ここ二～三年、教育の現場は非常に変わってきています。たとえば課題解決学習をどう取り入れるか、コミュニケーション能力をどうやって育てるか、グローバル化にどう対応するか、今はどこの学校も考えています。十年前はこうしたことは考えていませんでした。目の前の子どもたちを明るく健やかにどうやって育てるか、だけの時代ではないというのは学校の先生も教育委員会も意識しはじめています。

大学には大学の役割があり、教育委員会には教育委員会の役割があり、ＮＰＯにはＮＰＯの役割があり、それぞれの強みをもっています。その強みを活かして初めて新しい時代の連携が可能になると思います。ただ単に手を取り合いましょうというのではなく、やはりお互いの強みを活かすことが人材確保や人材育成につながると思います。

工藤：十年前・二十年前と比べれば、学校と社会のさまざまな団体はリンクするようになってきています。仕組みは以前と比べると整っており、松田さんのTeach For Japanも含め、つなぐ機関はたくさんあり多様化しています。免許についての制度も以前に比べると柔軟になってきていますが、それらを組み合わせて学校の授業開発やカリキュラム開発に動員して活かしていく、という機会がなかなかないという感じがします。今後うまくコーディネートをし、授業を変えていくべきだと考えております。

岩田：人材確保の問題に絡めてお話をしたいと思います。前提として、教員養成の問題は長いスパンをみていかないといけません。しかしながら、今の教員養成系大学に求められているものは費用対効果で、要するに教員就職率をいかにあげるかです。そのためには入学段階から教員志望の高い学生を採るということがどうしても必要になってきており、私どもは内心、忸怩たるものがあります。

今年の夏に出版した本のなかで、小学校教員の予備軍である履修学生、小学校の初任者、それから小学校長に意識調査を実施し、約七〇〇〇人のサンプルを集めて彼らの意識を分析しました。そうしたら、今時の小学校教員養成課程の学生の意識を突きつけられ、予定調和を期待できる若者を育てていく工夫をしなくてはいけないと思いました。予定調和論というのは、つまり「それぞれの人がそれぞれのことを教えている場で学生が適度に学び、調和して良い教師になってくれるに違いない」というものです。カリキュラムを整えてあげすぎてしまうと、与えられたカリキュラムを当たり前として受け取る若者しか育たないし、適応しないでしょう。そこはわれわれが一歩引いて、大きく教師の成長をみていかなくてはいけないと改めて思いました。

三村：本日は、テーマ「多様な教員養成の在り方と教師のキャリア」につきまして、多角的視点からお話しいただきました。本当にありがとうございました。

「早稲田教育ブックレット」№.11刊行に寄せて

堀　誠

一八九九（明治三十二）年四月五日に発せられた文部省令第二十五号「公立私立学校・外国大学校卒業生ノ教員免許ノ件」によって、従来官学出身者にのみ許されてきた中学校教員資格の「無試験検定」の道が私学出身者に対しても開かれることになった。いわゆる許可学校方式の始まりであり、一八八二（明治十五）年十月創設の東京専門学校でも早速に規則を改正して申請手続を完了し、文学部の哲学及英文学科と国語漢文及英文学科と史学及英文学科の三学科が認可された。

この「無試験検定」による中学校教員の資格取得は、条件を満たす学科に限られたものであるにしても画期的なことで、官尊民卑の風潮の色濃い当時にあって、不均衡に苛まれてきた私学関係者が社会的に進出を一歩進める一大朗報となった。まさに早稲田大学の教員養成の歴史にとって記念すべき一ページにほかならないが、その道筋を拓いたのは、一八九八（明治三十一）年に第一次大隈内閣（隈板内閣）で文部省参事官、高等学務局長、参与官兼専門学務局長に任ぜられ、後の一九一五（大正四）年には第二次大隈内閣の内閣改造で文部大臣として入閣することにもなる高田早苗の力ともいわれている。

中学校教員の無試験検定の好環境は、一九〇三（明治三十六）年開設の高等師範部に引き継がれ、戦後には新制大学発足の一九四九（昭和二十四）年に教育学部が誕生し、全学的な教職課程を設置した開放制による教員養成が行われるにいたっている。

二〇〇八（平成二十）年には、教育学部教育学科初等教育学専攻の新設により、従来の中・高に小学校を加えた教員養成の環境が生まれ、同じく大学院教職研究科の創設により、実践と理論の往還に支えられた高度な養成も展開している。

早稲田大学における教員養成は教学の歴史を踏まえ、何をモットーに如何に進むべきか。教育総合研究所が二〇一三年十二月二十一日に「教育最前線講演会シリーズ」XⅧとして開催した「多様な教員養成の在り方と教師のキャリア」は、その道途を考えるといった意味からも発想された企画であった。

ご講演いただいた荒川元邦先生、岩田康之先生、工藤文三先生、松田悠介先生、司会ならびにコーディネーター役の三村隆男先生には、本書刊行までご協働いただいたことにあらためてお礼申し上げる。本ブックレットが、多面的に教職を展望する一助となることを願ってやまない。

（早稲田大学教育総合研究所　所長）

著者略歴（2015年３月現在）

三村　隆男（みむら　たかお）
早稲田大学教育・総合科学学術院教授
略歴：二十四年間の高校教員を経て、二〇〇〇年上越教育大学講師、准教授を経て現在に至る。厚生労働省労働政策審議会職業能力開発分科会委員、日本キャリア教育学会長。

岩田　康之（いわた　やすゆき）
東京学芸大学教員養成カリキュラム開発研究センター教授
略歴：東京大学大学院教育学研究科博士課程単位取得退学。杉野女子大学家政学部（現・杉野服飾大学服飾学部）講師、東京学芸大学助教授等を経て、現職。

工藤　文三（くどう　ぶんぞう）
帝塚山学院大学人間科学部教授／国立教育政策研究所名誉所員
略歴：一橋大学経済学部卒業。公立高等学校教諭、国立教育政策研究所初等中等教育研究部長を経て、現職。

荒川　元邦（あらかわ　もとくに）
東京都教育庁総務部教育政策担当課長
略歴：都内公立小学校の教諭、副校長、東京都教育庁指導部及び東京都教職員研修センター統括指導主事、主任指導主事を経て、現職。

松田　悠介（まつだ　ゆうすけ）
認定ＮＰＯ法人 Teach For Japan 代表理事／京都大学特任准教授
略歴：ハーバード大学教育大学院修士課程修了。中学校・高等学校教諭、千葉県市川市教育委員会教育政策課非常勤分析官、PwC Japan を経て現職。経済産業省「キャリア教育の内容の充実と普及に関する調査委員会」委員。奈良県奈良市「奈良市教育振興戦略会議」委員。著書に『グーグル、ディズニーよりも働きたい「教室」』（ダイヤモンド社）。